Hikâyelerle Çocuklara

40 HADİS

Yazan
Prof. Dr. M. Yaşar KANDEMİR

Resimleyen
Derya Işık ÖZBAY

DİYANET İŞLERİ BAŞKANLIĞI

Hikâyelerle Çocuklara 40 HADİS

Diyanet İşleri Başkanlığı Yayınları: 967
Çocuk Kitapları: 258
Hikâyelerle Çocuklara 40 Hadis

Yazan: Prof. Dr. M. Yaşar KANDEMİR
Resimleyen: Derya Işık ÖZBAY
Editör: Sevde Sevan USAK
Kapak Tasarım: Hilal Şimşek KARADOĞAN
Tasarım - Grafik: Şule İLGÜĞ
Düzelti: Reşan Yıldırım BAYRAK
Baskı Takip: İsmail DERİN

Koordinasyon: Yunus AKKAYA
Eser İnceleme Komisyon Kararı: 16.05.2013/15

ISBN: 978-975-19-5868-6
2017-06-Y-0003-967
Sertifika No: 12931

Üretim: Kağıt Gemi Ajans

4. Baskı
Baskı: Önka Matbaacılık
Tel: 0 (312) 384 26 85

İletişim: Dini Yayınlar Genel Müdürlüğü
Basılı Yayınlar Daire Başkanlığı
Üniversiteler Mah. Dumlupınar Blv.
No: 147/A 06800 Çankaya/ ANKARA
Tel: 0 (312) 295 72 93
Faks: 0 (312) 284 72 88
E- Posta: diniyayinlar@diyanet.gov.tr

Dağıtım ve Satış: Döner Sermaye
İşletme Müdürlüğü
Tel: 0 (312) 295 71 53 **Faks:** 0 (312) 285 18 54
E- Posta: dosim@diyanet.gov.tr

SUNUŞ

Sevgili çocuklar,

Her yeni kitapla biraz daha büyüyoruz. Hayal gücümüz, kitaplarla besleniyor, gelişiyor. Kitap okudukça zenginleşiyor bilgi dünyamız. Her bilgi ile hayatımızda yeni pencereler, kapılar aralanıyor. Bizi maceradan maceraya sürüklüyor kimi kitaplar. Bazıları ufkumuzu açıyor. Bazıları eğlendiriyor, güldürüyor. Ama hepsi bizi büyütüyor, dünyamızı zenginleştiriyor. Bu yüzden seviyoruz kitapları. Bir de onların içinde bize rehber olarak gönderilen Peygamberimizden izler varsa... Peygamberimizle bizim aramızda köprü oluyorsa... İşte o zaman, yüzyıllar öncesinden bize seslenen Peygamberimize kulak veriyor ve o kitaplara daha sıkı sarılıyoruz. Sanki, bize elini uzatıyormuş gibi sımsıkı tutuyoruz kitapları. İşte biz de sizlere böyle hissettiren bir kitap hazırladık.

Peygamberimizin tane tane söylediği, arkadaşları tarafından büyük bir zevkle ezberlenen sözlerden kırk tanesini seçtik. Böylece, size kırk hadis demeti sunduk.

Yanınızdan ayırmayacağınız, bilgileriyle zenginleşip öyküleriyle hayal âlemlerinde gezineceğiniz, resimlerine kendinizi kaptırabileceğiniz güzel bir kitap olsun istedik.

Biricik Peygamberimizin sözlerini yüreklerinizde hissetmek için hazırlanan bu kitapta, birbirinden güzel öyküler de bulacaksınız. Her bir öykünün size anlatacakları var. Her resmin güzel bir hikâyesi var. Peygamberimiz, asırlar ötesinden size sesleniyor. Onun sözleri öykülere ilham oluyor ve sizinle buluşuyor.

Elinizdeki bu kitap biricik Peygamberimiz Hz. Muhammed'in bizlere kadar ulaşan güzel sözlerinden ilham alınarak yazıldı. Sizler de onun güzel sözlerini okuyup, hayatınıza rehber edinebilirsiniz.

Keyifli okumalar, güzel hayaller dileğiyle...

DİYANET İŞLERİ BAŞKANLIĞI

MERHABA

Sevgili yavrular,

Yüce Rabbimiz kullarının mutlu olmasını ister. Onlara mutlu olmayı öğretmek için peygamberler gönderir. Peygamberler insanların rehberi ve öğretmenidir. Onlara hem Allah Teâlâ'nın buyruklarını, hem de dünyada nasıl yaşamaları gerektiğini öğretirler. İlk peygamber Hz. Âdem'den son peygamber Hz. Muhammed (sallâllâhu aleyhi ve sellem) Efendimize kadar hep böyle olagelmiştir.

Peygamber Efendimizin sözlerine 'hadis' dendiğini biliyorsunuz. Yüce Rabbimizin buyruğu olan Kur'an-ı Kerim'i bize getiren Efendimiz, bu ilahî buyrukları hadisleriyle açıklamıştır. Sevgili Efendimiz bize hem dünyada hem de dünyadan sonraki hayatımızda mutlu olmak için ne yapmamız gerektiğini hadisleriyle öğretmiştir.

Yüce Rabbimizin buyruğunu iyice anlamak, güzel dinimizi eksiksiz öğrenmek için hadis-i şerifleri çok okumalıyız. Yüz yıllardan beri birçok din büyüğümüz, Peygamber Efendimizin sözlerinden kırk hadislik buketler hazırlamışlar, böylece hadis-i şerifleri Müslümanların kolayca öğrenmesini sağlamışlardır.

Prof. Dr. M. Yaşar KANDEMİR

İÇİNDEKİLER

Kuşlar

Avcının biri, dere kenarına ağ kurmuş. Ağın içindeki yemlere aldanan bir sürü kuş, tutulup kalmış. Avcı bunları toplamaya gelirken, kuşlar ağ ile beraber "pırr" diye, uçup havalanmışlar. Onların güç birliği yaparak aynı yöne doğru, üstelik ağ ile beraber uçmalarına şaşıran avcı, peşlerine düşmüş. Yolda rastladığı bir adam, avcıya; "Böyle telaşla ne diye koşuyorsun?" diye, sormuş. Avcı da uçup giden kuşları göstererek, onları yakalayacağını söylemiş.

Adam gülmüş:
- Allah akıl versin, demiş. Havada uçup giden kuşlara yetişebileceğini mi sanıyorsun?

Avcı:
- Evet, demiş. Ağda bir kuş olsaydı yetişip tutamazdım. Ama göreceksin, bunlara yetişeceğim.

Dediği gibi de çıkmış. Akşam olup da hava kararırken, kuşların her biri kendi yuvasına gitmek istiyormuş. Bir kısmı ağı, ormana doğru çekiyormuş, bir kısmı göle doğru. Kimi dağlara gitmek istiyormuş, kimi çalılıklara.

"Birbirinizden ayrılmayınız, çünkü sürüden ayrılan koyunu kurt kapar."
Nesâî, İmâmet 48.

Hiç birinin de dediği olmamış. Ağ ile birlikte yere düşmüşler. Avcı da gelmiş hepsini yakalamış.

Zavallı kuşlar, Peygamber Efendimizin şu hadisini bilselerdi, hep aynı yöne uçarlar, avcıya da yakalanmazlardı.

Diken

Vaktiyle ülkelerin birinde korkunç bir ceza şekli vardı. Suçlu buldukları insanları, aç arslanlara yedirirlerdi. Halk toplanır, bu korkunç manzarayı seyrederdi.

O günkü suçlu, efendisinin yanından kaçan bir köleydi. Arena dedikleri yüksek duvarlarla çevrili bir meydanın ortasına köleyi diktiler. Üzerine, on gündür aç bıraktıkları bir arslanı salıverdiler. Zavallı adamın üzerine hırsla saldıran arslan, birden durakladı ve kölenin ellerini yalamaya başladı.Herkes hayretler içinde kalmıştı.

Köleye bunun sebebini sordular. Şunları söyledi:
- Bu arslana vaktiyle ormanda rastlamıştım. Pençesine sivri bir diken batmıştı. İnleyip duruyordu. Dikeni çıkarınca onunla dost olduk.

Olayı dinleyen halk çok duygulandı. Köleyi de arslanı da serbest bıraktılar. Kölenin peşinde arslanın, uysal bir kedi gibi dolaştığını hayretle ve hayranlıkla seyrettiler.

Peygamberimiz ne güzel buyurmuş:

"Merhamet edene Allah da merhamet eder. Siz yeryüzündekilere merhamet edin ki, gökyüzündekiler de size merhamet etsin."
Tirmizî, Birr 16.

Palto

Çoban Ahmet dayı dert küpüydü. Korkunç savaş yıllarında çok şeyini yitirmişti. Karısı ölmüş, oğlu da kaybolmuştu. Şehirdeki işini de kaybedince, bir köyde çobanlık yapmaya başlamıştı.

Birgün yol kenarında koyunlarını otlatırken, hasta bir genci şehre götürdüklerini gördü. Anlaşılan zavallı genç, kendisinden de fakirdi. İncecik bir ceketin içinde titreyip duruyordu. Çoban Ahmet dayı, yıllardır üstünden çıkarmadığı paltosunu hasta delikanlıya giydirdi.

Hastane koridorunda muayene olmak için iki büklüm bekleyen hasta genç, birinin "Baba!" diyerek, kendisine dokunduğunu hissedince şaşırdı. Başını kaldırıp, baktı. Karşısındaki delikanlıyı tanıyamadı. Ona "Baba!" diye seslenen delikanlı da şaşırmıştı:
- Affedersiniz. Üzerinizdeki paltoyu, yıllardır göremediğim babamın paltosuna benzettim. Sizi de babam zannettim, diye özür diledi.

Hasta delikanlı ona, babasının kim olduğunu sordu. Biraz konuşunca bu delikanlının, Ahmet dayının oğlu olduğunu anladı. Ona yanılmadığını, bu paltonun gerçekten babasına ait olduğunu söyledi. Muayenesi bittikten sonra, Çoban Ahmet dayının hastabakıcı oğluyla birlikte köye döndüler.

Peygamber Efendimiz bir hadis-i şerifinde şöyle buyurmuştur:

"Bir iyiliğe on kat mükâfat verilir."
Buhârî, Savm 56 .

Ayna

Vaktiyle vezirlerden biri, ileri gelen adamlarıyla çarşıda dolaşırken yolu esir pazarına düştü. Hürriyetlerini kaybetmiş zavallı insanlar, burada birer birer satılıyordu. Vezir, esirlerin yanına yaklaştı. Onları yakından görmek istedi.

Yaşlı bir esir vezire hitaben:
- Efendimiz, sarığınızda bir leke var, dedi.
Vezir sarığını çıkarıp baktı. Esir haklıydı. Demek ki saatlerdir böyle dolaşmış, onun bu hâlini herkes görmüştü. Çok utandı.

Adamlarına üzgün üzgün baktı ve şunları söyledi:
- Benim bu hâlde dolaşmama göz yumdunuz. Sarığımdaki lekeyi gördüğünüz hâlde ses çıkarmadınız. Benim gerçek dostum, şu zavallı esirmiş. Ama ben, onun dostum olduğunu bilmiyormuşum.
Dostumun köle olarak satılmasına razı olamam. Onu hemen satın alıp, hürriyetine kavuşturunuz.

Bu olayı bir daha unutmamaları için vezir, Peygamber Efendimizin şu hadisini levha yaptırıp adamlarına gönderdi:

"Mü'min mü'minin aynasıdır."
Ebû Dâvûd, Edeb 49.

Gaddar

Bir yaz günü çocuklar, dere kenarında oynuyorlardı. İçlerinde Gaffar adında biri vardı. Hayvanlara yaptığı işkenceler yüzünden, çocuklar ona "Gaddar" lakabını takmışlardı. Gaffar, daha yeni ve daha canlı bir oyun oynanmasını istiyor; fakat teklif edilen oyunların hiçbirini beğenmiyordu. Kendisi gibi düşünen iki üç arkadaşını bir köşeye çekti. Onlarla başbaşa vererek konuştuktan sonra, eğlenceli bir oyun bulduklarını söyledi. Diğer çocuklar, bu yeni oyunu merak ediyorlardı.

Gaffar ve arkadaşları, kasabaya yeni taşındıkları için henüz yüzmeyi bilmeyen Ali'nin yanına sinsice yaklaştılar. Sonra zavallıyı kolundan, bacağından yakalayarak dereye fırlattılar. Büyük bir paniğe kapılan Ali, kulaç atmak için bir iki defa çırpındı; fakat yüzemedi. Suya batıp çıkmaya başladı. O "İmdat!" diye bağırıp çırpındıkça, Gaffar ve arkadaşları kahkahalarla gülüyordu.

Çocuklardan biri çabucak soyunmaya başladı. Bu İsmail idi. Cesur bir çocuk olduğu için Gaffar'a sadece o, karşı koyabilirdi. Ali'ye yapılan fenalığı görür görmez isyan etmişti. Dereye atlamasıyla Ali'yi kenara çıkarması, bir iki dakika sürdü. Diğer çocuklar İsmail'i kutladılar. Oradan geçmekte olan biri, olup bitenleri görmüştü.

İyi giyimli ve güzel yüzlü bu adam, İsmail'in başını okşadıktan sonra dedi ki:
- Yavrum, sen Peygamber Efendimizin buyurduğunu yaptın. Allah senden razı olsun.
Efendimiz bir hadis-i şerifinde şöyle buyurmuştur:

"Müslüman Müslümanın kardeşidir. Ona fenalık yapmadığı gibi fenaların eline de bırakmaz."
Buhârî, Mezâlim 3.

Hayalet

Tâcirin biri, geç vakit eve dönüyordu. Geceyi, duvarın dibinde geçirmeye çalışan yaşlı bir zenci gördü. Çocuklarımız korkar diye, zavallıyı kimse evine almamıştı. Tâcir, ona sıcak çorba, tertemiz çamaşır ve yatacak bir oda verdi.

Pencere kenarında uyuyan zenci, gece yarısı irkilerek uyandı. Hafif ay ışığında iki haydut, pencereden içeri süzülmeye çalışıyordu. Tâciri öldürecek, paralarını çalacaklardı.

Zenci, ellerini kaldırarak:
- "Heey! Ne yapıyorsunuz?" diye haykırdı.
Onu bembeyaz don, gömlek içinde gören haydutlar:
- Anneee!.. Burada hayalet var, diye kendilerini dışarı attılar. Birinin ayağı kırıldı, ötekinin başı yarıldı. Gürültüye uyanan ev halkı haydutları yakaladılar.

Peygamberimiz ne güzel buyurmuş:

"İnsan, kardeşine yardım ettiği sürece Allah da ona yardım eder."
Müslim, Zikir 38.

Cennet Komşusu

Vaktiyle padişahlardan biri, şehri dolaşmaya çıkmıştı. Tanınmamak için kıyafetini değiştirmiş, yanına da bir kölesini almıştı. Halkın, kendi yönetimi hakkında neler düşündüğünü öğrenmek istemişti. Mevsim kıştı. Soğuk her yeri kasıp kavuruyordu. Yolu bir mescide düştü. İki yoksul bir köşede titreyerek oturuyordu. Gidecek başka yerleri yoktu.

Onların ne konuştuklarını merak eden Padişah, yanlarına sokuldu. Fakirlerden şakacı olanı, soğuktan şikâyet ediyordu:
- Yarın cennete gittiğimizde, bizim padişahı oraya sokmayacağım! Cennetin duvarına yaklaştığını görürsem, pabucumu çıkarıp kafasına vuracağım.

Öteki merakla sordu:
- Onu niçin cennete sokmayacakmışsın?
- Tabii sokmam. Biz burada soğuktan donarken, o sarayında keyif sürsün. Bizim hâlimizden haberdar olmasın. Sonra da kalkıp, cennette bana komşu olsun. Ben öyle komşuyu istemem arkadaş, dedi. Gülüştüler.

Padişah kölesine:
- Bu mescidi ve adamları unutma! dedi.

Saraya dönünce, mescide adamlarını yolladı. İki fakiri alıp, saraya getirdiler. Zavallılar başımıza neler gelecek diye, korkuyla bekleşirken onları dayalı, döşeli bir odaya yerleştirdiler.

- Burada yiyip, içip yatacak, padişahımıza dua edeceksiniz. Cennette size komşu olmasına karşı çıkmayacaksınız, dediler.

Padişah ne iyi kalpli imiş, değil mi? Peygamberimiz, yoksula yardım edenleri şöyle övmüştür:

"Bir mü'mini dünya dertlerinden kurtaranı, Allah, âhiret dertlerinden kurtarır."
Müslim, Zikir 38.

Diş İlacı

Kasabanın lokantasına, iyi giyinmiş bir yabancı girdi.

Garsona:
- Çok pişmiş bir biftek istiyorum. Yanında da salata olsun, dedi.

Adam daha ilk lokmayı ağzına götürür götürmez:
- Ay! Yine diş ağrım tuttu, diye bağırdı. Elinde, büyükçe bir çanta bulunan bir başka yabancı ona yaklaştı. Çantasından bir küçük şişe çıkardı. Elindeki pamuğu şişeye batırarak:
- Lütfen şunu ağrıyan dişinize sürün, dedi. Adam söyleneni yaptı. Sonra âniden bir sevinç çığlığı attı:
- Hayret, hiçbir ağrı duymuyorum, diye bağırdı.

Herkes, bu hârika ilaçtan almak için iri çantalı adamın etrafında toplandılar. Çok geçmeden çantadaki bütün şişeler tükendi. Bir saat sonra, dişi ağrıyan adamla, ilaç satan adam istasyonda buluştular. O kasabada, işlerin iyi gittiğini söyleyerek, birbirlerini kutladılar ve biraz sonra gelecek treni beklemeye başladılar. İşte o sırada iki polis onları tutukladı. Sahte ilacı alanlardan biri ağrısından kurtulamayınca, doğruca karakola gitmişti.

Başkomiser onları karşısına aldı ve:
- Siz hangi dindensiniz? diye sordu.

Başlarını yerden kaldırmadan:
- Müslümanız, elhamdülillah, dediler.

O zaman başkomiser daha çok kızdı:
- Siz Peygamber Efendimizin: "Bizi aldatan bizden değildir!" buyurduğunu duymadınız mı? diye, çıkıştı ve onları cezalandırdı.

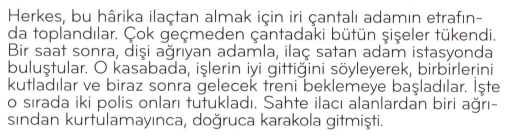

"Bizi aldatan bizden değildir."
Müslim, Îmân 164.

Zehir

Hüseyin dayı, şehirden köye dönüyordu. Pazara götürdüğü malların hepsini sattığı için sevinçliydi. Bir çeşme başında mola verdi. "Eşek biraz yayılırken, ben de şu ağacın altında kestireyim" dedi. Uykuya dalacağı sırada, aklına paraları geldi. Onları, emniyetli bir yere koymalıydı. Kesesini açıp baktı. Hepsi yerli yerinde duruyordu. Keseyi, gömleğinin içine koydu ve uyumaya başladı.

Ne yazık ki o sırada, ağacın üzerinde bulunan bir soyguncu her şeyi gördü. Bütün hayatı, başkalarına zarar vermekle geçen bu adamın gözleri sevinçle parladı. Yavaşça ağaçtan aşağı süzüldü. Cebinden bir kamış, bir de içinde zehir bulunan bir kutu çıkardı. Zehiri kamışın içine koydu. Derin bir uykuya dalmış olan Hüseyin dayıya yaklaşmaya başladı. Zehiri, onun ağzına üfleyerek kolayca öldürecek ve paralarına sahip olacaktı.

Soyguncu zehiri üfleyeceği sırada, Hüseyin dayı aniden aksırıverdi. Bütün zehir, bu kötü niyetli adamın ağzına doldu ve onu bir anda öldürdü.

Peygamber Efendimiz ne güzel buyurmuş:

> "Zarar veren kimseye, Allah da zarar verir."
> **Tirmizî, Birr 27**

Kemer

Nihat geçimsiz bir çocuktu. Kaba davranışlarıyla, bitmeyen kavgalarıyla kardeşlerini incitirdi. Onun bu hâli, annesini çok üzerdi.

- Evladım, kimsenin gönlünü kırma. Çirkin sözler söyleme, diye öğüt verirdi. Ama her defasında, kendinin haklı olduğunu iddia eden yaramaz çocuk:
- Benim suçum yok. Böyle davranmaya onlar beni zorluyor, derdi.

Bir gün annesi:
- Eğer bugün akşama kadar kimseyle kavga etmezsen, vitrindeki o çok beğendiğin kemeri sana alacağım, dedi.

Bu konuşmayı duyan diğer kardeşleri, onu kızdırmak için birçok yolu denediler. Fakat, kendini tutmaya karar veren Nihat'ı kızdıramadılar.
Akşam olunca, annesi ona şunları söyledi:

- Bir kemere sahip olmak için kendini tutabiliyorsun. Bunu basit şeyler için değil, Allah istediği için yapmalısın, oğlum.

Keşke biri Nihat'a, Peygamber Efendimizin şu hadisini söyleyebilseydi:

"Haklı olduğu zaman bile kavga etmeyen kimseye, cennetin avlusunda köşk verileceğine ben kefilim."
Tirmizî, Birr 58 .

Öfke

Halit güçlü kuvvetli bir çocuktu. Bir tabureyi kolunu bükmeden, tek eliyle kaldırabilirdi. Okulda güreş tutup da yenmediği kimse yoktu. En çok da Nurettin ile güreşirdi.

Yine birgün, okul bahçesinde kapıştılar. Güreşi kaybeden Nurettin, sınıfa girince Halit'in defterini karaladı. Halit, buna fena halde öfkelendi. Arkadaşının üzerine atıldı ve suratına bir yumruk savurdu.

Nurettin'in burnundan akan kanlar hem elbisesini, hem de sınıfı kirletti. Olup bitenlere bütün sınıf üzüldü. Öğretmen, Halit'i azarlarken ona, Peygamber Efendimizin şu sözünü hatırlattı:

"Güçlü adam, güreştiği insanları yenen değil, öfkelendiği zaman öfkesini yenen kimsedir."
Buhârî, Edeb 76 .

Yarış

Hüsnü çok iyi bir çocuktu. Ne yazık ki, bir trafik kazasında gözlerini kaybetmişti. Fakat kendisini hiç bırakmamış, başkalarının yardımı olmadan yaşayabileceğini göstermişti. Hatta çoğu zaman, köylerinden şehire tek başına gidip gelirdi. Aynı köyden Murtaza adlı kendini beğenmiş bir çocuk, Hüsnü'yle alay etmek için:
- Benimle şehre kadar yarışa var mısın, Hüsnü? dedi.

Hüsnü bu teklifi ciddiye aldı:
-Varım. Ama yarışı ben kazanırsam, ceketini bana vereceksin? dedi.
Murtaza bu şarta kahkahalarla güldü:
- Kazanırsan senin olsun, dedi.
Hüsnü:
- Bir şartım daha var, ne zaman yarışacağımızı ben söyleyeceğim, dedi. Onun yarışı kazanmasına ihtimal vermeyen Murtaza:
- İstediğin şartı ileri sürebilirsin, diyerek gülmesine devam etti.

Zifiri karanlık bir gecede, orman yolunu takip ederek şehre kadar yarışacaklardı. Hüsnü için karanlık ile aydınlığın bir farkı yoktu. Yürüyüp gitti. Fakat Murtaza, ormanda yolunu kaybetti. Hendeklere yuvarlandı, ağaç dalları yüzünü, gözünü yırttı. Şehre, Hüsnü'den yarım saat sonra varabildi.

Zavallı Murtaza, Peygamber Efendimizin şu hadisini duysaydı belki de böyle davranmazdı:

"Allah Teâlâ bana: 'Alçak gönüllü olunuz. Hiçbir kimse diğerine karşı böbürlenmesin,' diye bildirdi."
Müslim, Cennet 64.

Altınlar

Aylin kendini beğenmiş, kibirli bir çocuktu. Babasını kaybettikten sonra, iyice içine kapandı. Köşklerinin bahçesinde, yalnız başına oynar dururdu. Bitişik komşuları fakir olduğu için, onların küçük kızı Bedriye ile görüşmek istemezdi.

Bir gün Bedriye koşarak Aylin'e geldi:
- Babam ağır hasta. Belki de son dakikalarını yaşıyor. Sizi hemen görmek istiyor. Çok önemli bir şey söyleyecekmiş, dedi.

Aylin burun kıvırdı:
- Fakir bir adamın bana söyliyeceği önemli ne olabilir? Evinize de pis kokudan girilmez herhalde, dedi.

Birkaç dakika sonra Bedriye ağlayarak tekrar geldi:
- Babamın size söyliyecekleri gerçekten önemliymiş. Babanız ölmeden önce, altınlarını bir yere gömmüş. Gömdüğü yeri de yalnız babam biliyormuş. Siz büyümeden önce de altınlardan söz etmemesi gerekiyormuş. Şimdi ise ölmek üzere olduğu için size, altınların yerini söyleyecekmiş. Acele edin, dedi.

Bu sözleri duyan Aylin, Bedriyelerin fakir evine doğru koşmaya başladı. Ama çok geç kalmışlardı. Zavallı adam ruhunu teslim etmişti. Aylin, kendine çok kızdı. Yaptığına pişman olu.

Bu kendini beğenmiş kızın kaybettiği şey sadece altınlar mıdır dersiniz? Hayır. Şayet o, bu kötü huydan vazgeçmezse altınları kaybettiği gibi cenneti de kaybeder.

Bakınız, Peygamber Efendimiz böyleleri için ne buyurmuştur:

> "Kalbinde zerre kadar kibir bulunan kimse, cennete giremez."
> **Müslim, Îmân 147.**

HIRSIZ

Nuri emmi kendi hâlinde bir köylüydü. Kimsenin işine karışmadığı, gereksiz yere konuşmadığı için bazıları onu, beceriksiz zannederdi. Akıllı geçinenlerden biri, Nuri emminin eşeğini çaldı. O da yeni bir eşek satın almak için pazara gitti. Orada, bir aşağı bir yukarı dolaşırken kendi eşeğini görüverdi.

- Bu eşek benim. Geçen hafta çalmışlardı, dedi.

Hırsız pişkin bir adamdı:

- Yanılıyorsun; ben bunu küçük bir sıpa iken alıp büyüttüm, dedi.

Nuri emminin aklına parlak bir fikir geldi. Elleriyle eşeğin gözlerini kapatarak hırsıza sordu:

- Eşek seninse, söyle bakalım hangi gözü kördür?

Biraz bocalayan hırsız:

- Sağ gözü, dedi.

Nuri emmi eşeğin sağ gözünü açtı:

- Görüyorsun ki, sağ gözü sağlam, dedi.

Bu defa hırsız:

- Birden şaşırdım, dedi. Sol gözü kördü.

- Yine tutturamadın, dedi Nuri emmi, eşeğin sol gözünü de açtı. Başlarına toplanan pazar halkı, eşeğin iki gözünün de sağlam olduğunu görünce, bu yalancı hırsızı yakalayıp polise teslim ettiler.

Nuri emmi, eşeğine binip köyüne döndü. Herkes, onun ne akıllı bir adam olduğunu anladı. Peygamber Efendimiz, hırsızlık yapana beddua etmiş ve şöyle buyurmuştur.

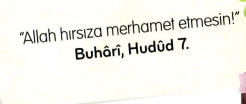

"Allah hırsıza merhamet etmesin!"
Buhârî, Hudûd 7.

Para

Bir Ramazan günüydü. Ethem, iftara doğru pide almak için fırına gitti. Fırının önünde, uzun bir kuyruk vardı. İftar vakti yaklaşınca, sırada bekleyenler sabırsızlanmaya başladı.

Fırıncı daha telaşlıydı. Sırası gelenlere pidelerini verip, paralarını almak kolay değildi. İftar topu atılmak üzereyken, sıra Ethem'e geldi. İyice yorulmuş olan fırıncı, ona yanlışlıkla fazla para verdi. Ethem durakladı. Fırıncının yüzüne hayretle baktı.

Adam:
- Bir yanlışlık mı oldu evlat? diye sordu. Ethem:
- Hayır, diyerek paraları aldı. Koşarak eve gitti.

Ethem, iftar sofrasında biraz düşünceliydi. Yatağa girince tedirginliği arttı. Görünmeyen biri, onu sanki hesaba çekiyordu: "Niye öyle yaptın?" "Hakkın olmayan parayı niye aldın?" diyordu. Olup bitenleri, annesine anlatmayı düşündü. Sonra hemen vazgeçti. Annesi onu, mutlaka ayıplar ve çok kızardı.

Gece rüyasında kâbuslar gördü. Sabah uyanınca, içindeki sıkıntının azalmadığını fark etti. Duvar takviminin yaprağını koparıp, okumaya başladı.

Takvimde, Peygamber Efendimizin bir hadis-i şerifi yazılmıştı.

Ethem yüzünün kızardığını hissetti. Bu hadisi, Peygamber Efendimiz sanki kendisi için söylemişti. Doğruca fırına gitti. Hakkı olmayan parayı, özür dileyerek geri verdi.

"Günah, içini tırmalayan ve başkalarının bilmesini istemediğin şeydir."
Müslim, Birr 5.

Aracı

Soğuk bir kış günüydü. İsa okula giderken, fakir bir çocukla karşılaştı. Zavallının sırtında palto yoktu. Ayağındaki yırtık ayakkabının su aldığı, her halinden belliydi. İsa, içinin titrediğini hissetti.

Kendi ailesi pek varlıklı değildi; ama kimseye muhtaç olmadan geçinip gidiyorlardı. Yoksul çocuğu, takip etmeye başladı. Onun, kendi okullarına girdiğini görünce şaşırdı. Daha önce, onu gördüğünü hatırlamıyordu. Ona yardım edebilmek için ne yapması gerektiğini düşündü; bir çıkar yol bulamadı. İki yıldır giydiği botunu çıkarıp verse, yerine giyeceği bir başkası yoktu.

Öğle tatilinde yoksul çocuğu buldu. Kendisiyle arkadaş olmak istediğini söyledi ve onunla hemencecik kaynaştı. Zavallının babası, birkaç yıl önce ölmüştü. Annesi ve iki küçük kardeşiyle birlikte yaşıyordu. Mahalleye yeni taşınmışlardı. İsa, çantasındaki bisküvileri onunla paylaştı.

Akşam babasına:
- Öğretmenimiz bir ödev verdi. Fakirlere nasıl yardım edildiğini araştıracağız, dedi. Babası ona, bazı tavsiyelerde bulundu. Fakirlere nasıl yardım edileceğini söyledi.

"Hayır yapılmasına aracı olan, hayır yapmış gibi sevap kazanır."
Tirmizî, İlim 14.

Ertesi gün İsa okuldan çıkınca, doğruca yoksullara yardım vakfına gitti. Orada gördüğü temiz yüzlü bir adama, fakir arkadaşının hâlini anlattı ve ona yardım etmelerini söyledi. Bu iyi kalpli adam, İsa'nın davranışını çok beğendi; onu kutladı. Arkadaşının nerede oturduğunu öğrenmesini istedi ve ona şunları söyledi:
- Senin gibileri hem Allah, hem de Peygamber sever. Çünkü sen, Peygamber Efendimizin şu hadisine uygun davrandın:

Saklambaç

İhsan arkadaşlarıyla saklambaç oynuyordu. Herkes saklanmak için bir yerlere dağılınca, yolun kenarındaki kocaman kestane ağacını, kendisine siper etti. Ebenin, onu bulması zordu.

İşte bu sırada, kasabanın yabancısı, bembeyaz sakallı bir adam, kestane ağacının arkasında kıpırdayıp duran İhsan'a yaklaştı.
- Oğul, sana bir adres soracağım, dedi.

İhsan telaşla geri döndü. Elini dudaklarına götürerek "sus!" diye, işaret etti. Neden susması gerektiğini anlamayan yaşlı adam, İhsan'a hayretle baktı:
- Neden susacakmışım ki, oğul? Sana bir şey sorduk. Biliyorsan söyle. Bilmiyorsan sus. Doğrusu şehir çocukları bir tuhaf, diye söylendi. Yaşlı adamın ağaç arkasındaki biriyle konuştuğunu gören Ebe, bir arkadaşının orada saklandığını anladı. Parmaklarının ucuna basa basa ağaca doğru yaklaştı.

İyice sabırsızlanan yaşlı adam:
- Ne yazık! Bu çocuklara Peygamber Efendimizin:
-"Adres sorana yol göstermek bir iyiliktir," buyurduğunu öğretmemişler, diyerek geri döndü. İşte o zaman İhsan çok utandı. Oyunda olduğunu unuttu. Saklandığı yerden çıkarak, bu yaşlı ve nur yüzlü adamın yanına geldi. Kendini bağışlamasını dileyerek, onu gideceği yere götürdü.

"Adres sorana yol göstermek bir iyiliktir."
"Tirmizî, İlim 14.

Mızıkçı

Avni iyi bir çocuktu. Fakat herkesle çekiştiği için arkadaşları onu sevmezdi. Bir sonbahar günü gölün kenarında toplanan çocuklar, denizler ve göller hakkında konuştular. Denizlerin daha derin, sularının daha soğuk olduğundan bahsettiler.

Avni, her zaman yaptığı gibi aksini savundu.
Arkadaşları, onun huyunu bildikleri için tartışmaya girmediler. Daha sonra topladıkları ince ve düz taşları, suların üstünde kaydırmaya başladılar. Yuvarlak taşlar, mavi suların üzerinde keklik gibi sekiyordu. O gün Faruk daha başarılıydı. Fırlattığı taşlar, suları yalayarak kayıp gidiyordu. Faruk'u kıskanan Avni:
– Bakayım elindeki taşlara, dedi.
Faruk avucunu açarak, topladığı taşları gösterdi. Aslında bu taşların diğerlerinden farkı yoktu. Ama mızıkçı Avni'nin, bir bahane bulması gerekiyordu.

– Tabii, kağıt gibi incecik taş toplamışsın. Kimin elinde bu taşlar olsa iyi kaydırır, dedi.
Anlayışlı bir çocuk olan Faruk:
– Al bunları, ver elindekileri, dedi.
Fakat yine değişen bir şey olmadı.
Bir trafik kazasında sakatlanan Haydar, aksayarak Avni'ye yaklaştı:
– Bu gün formunda değilsin, ahbap! dedi.
Başarısız olduğu için canı sıkılan Avni, ona:
– Bu işe senin aklın yetmez, topal! diye bağırdı.
Avni'nin bu saygısızlığı, öteki çocukları öfkelendirdi. Hepsi ona, haksız ve saygısız olduğunu söylediler.

Avni'nin bu hali, Peygamber Efendimizin şu hadis-i şerifine ne kadar aykırı değil mi?

> "Din kardeşinle çekişme!
> Onunla alay etme!"
> **Tirmizî, Birr 58 .**

Kiraz Ağacı

Ali ile Ayşe, kiraz ağacına çıkıp kızaran kirazları yemeğe başladılar. Dalların ucundaki kirazlar, Ali'ye daha olgun görünüyordu.

Ayşe:
- O dallar incedir, seni çekmez; buradakiler de güzel, diye onu uyardı.

Ama Ali, dalların ucundaki kirazlardan başkasını görmüyordu. Ayşe'yi dinlemedi. İnce dallara doğru ilerlemeye başladı.
Çok geçmeden, o güzelim kiraz dalıyla birlikte, kendini yerde buldu. Hem ağacın kocaman bir dalını, hem de ayağını kırdı.

Alçılı ayağıyla, haftalar boyu evde oturmak ve kiraz ağacını geriden seyretmek zorunda kaldı.

Ali'nin yaptığına açgözlülük demez misiniz?

Peygamber Efendimizin şu hadisi ne kadar düşündürücü değil mi?

"İnsanın iki dere dolusu altını olsa, bir üçüncüsünü ister. Onun gözünü topraktan başka bir şey doyurmaz."
Tirmizî, Zühd 27.

Oğul

Bir zamanlar haydutlar, yol kesip insanları soyar, yakaladıklarını esir pazarında satarlarmış. Bir soygunda, yaşlı ve yoksul bir adam haydutların eline düşmüş. Haydutların reisi yaşlı adama:

- Esir pazarında satılmak istemiyorsan, yüz altın getir; seni serbest bırakalım, demiş.

Yoksul adam ailesine yazdığı mektupta:

- Beni kurtarmak için verecek paranız olmadığını biliyorum. Ama başıma gelenleri bilesiniz diye yazıyorum, demiş.

Yoksul adamın, iyi kalpli ve cesur bir oğlu varmış. Babasının mektubunu alır almaz haydutların yanına koşmuş:

- Ağalar! diye yalvarmış. Babamı karşılıksız serbest bırakın demiyorum. Çünkü, bunu yapmayacağınızı biliyorum. Babam yaşlı, güçsüz, kuvvetsiz biri. Onu satsanız bile, elinize bir şey geçmez. Onun yerine beni satın. Böylece daha çok para kazanırsınız, demiş.

Bu teklif haydutların hoşuna gitmiş:

- Bunu bir de reisimize danışalım, demişler.

Pala bıyıklı eşkiya reisi, bu sözleri duyunca kulaklarına inanamamış. Yaşlı adamın oğluna hayranlıkla bakarak:

- Vay be! Dünyada ne yiğit evlatlar var. Böyle bir insana can kurban. İnsanlık öldü mü be aslanım? Babanı sana bağışlıyorum. Haydi gidin, demiş.

Yoksul baba ile fedakâr oğlu sevinerek evlerine dönmüşler. Bu hikaye, bize Peygamber Efendimizin şu hadis-i şerifini hatırlatıyor:

"Bir çocuk babasının hakkını ödeyemez. Eğer onu köle olarak bulur; satın alıp hürriyetine kavuştururursa, hakkını ödemiş olur."

Müslim, İtk 25.

Oğlak

Necip, oğlakları çok severdi. Babasının hediye ettiği oğlağı, yaz boyu besleyerek büyüttü. Bu güzelim oğlağın peşinden koşarak gelmesi, avuçlarına küçük toslar atması doğrusu çok hoştu.

Babası Necip'e:
- Sakın kapıyı açık bırakma! Oğlak içeri girer, eşyalara zarar verir, diye sık sık tembih ederdi.

Bir gün Necip, topunu almak için koşarak eve girdi. Babasının sözünü hatırladı ama, hemen geri çıkacağım diye, kapıyı kapamadı. Onu koşarken gören oğlağın, peşinden içeri daldığını fark etmedi. Oğlak, güzel mavi gözleriyle, Necip'in nereye gittiğini araştırırken, salondaki büyük aynaya doğru yaklaştı. Karşısında kendisi gibi bir oğlak görünce, ona doğru ilerledi. Bu küstah hayvanın, korkmadan üzerine doğru gelmesine içerledi. Ona haddini bildirmek istedi. Birden ileri atılarak var gücüyle tosladı.

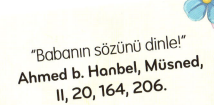

"Şangırrrr!" diye, bir ses duyuldu. Kocaman ayna tuzla buz olmuştu. Necip, Peygamber Efendimizin iki genç sahabisi Abdullah ibni Ömer ile Abdullah İbni Amr'a ayrı ayrı zamanlarda:

-"Babanın sözünü dinle!" buyurduğunu bilseydi, babasının sözünden çıkmazdı.

> "Babanın sözünü dinle!"
> Ahmed b. Hanbel, Müsned,
> II, 20, 164, 206.

Marifetli Çocuk

Üç kadın, ellerinde sepetleriyle pazardan dönüyorlardı. Dinlenmek için yolun kenarındaki kanapeye oturdular. Çocukları hakkında sohbet etmeye başladılar.

Birinci kadın; oğlunun çok hareketli olduğunu, ellerinin üzerinde dakikalarca yürüyebileceğini söyledi. İkinci kadın, bülbül sesli oğlunun şarkılarına, herkesin bayıldığını anlattı. Üçüncü kadın, onları dinlemekle yetindi. Niçin konuşmadığını sorduklarında:
- Benimkinin anlatılacak bir marifeti yok, dedi.

Bu konuşmalara kulak misafiri olan bir ihtiyar, kadınların peşinden yürüdü. Sokağın başında kadınlar, sepetlerini yere bırakıp yorulan kollarını, ağrıyan bellerini oğuşturmaya başladılar. Onları gören çocukları koşarak geldiler.

Birinci kadının oğlu, perendeler atarak ellerinin üzerinde yürüyordu. İkinci kadının oğlu, bir taşın üzerine oturup, annesinin sevdiği şarkılardan birini söylemeye başladı. Diğer kadınlar onu, coşkuyla alkışladılar. Üçüncü kadının oğlu ise;

-Sana yardım edeyim anneciğim, diyerek sepetin kulpuna yapıştı. Kadınlar oradan geçmekte olan yaşlı adama, çocuklarının marifetini nasıl bulduğunu sordular.
- Ben marifetli bir çocuk gördüm, dedi ihtiyar. O da annesine yardıma koşan şu çocuk. O, Peygamber Efendimizin şu hadis-i şerifine uygun davrandı:

"Herkese annesinin hizmetinde bulunmayı tavsiye ederim."
İbn Mâce, Edeb 1.

Plastik Tabak

İhtiyar marangoz iyice yaşlanmıştı. Gözlerinde fer, parmaklarında derman kalmamıştı. Elleri titrediği için kaşığı tutamıyor, yemeği sofra örtüsüne döküyordu. Oğlu ile gelini, dikkatli davranmıyor diye, ona kızıyorlardı. Hele yemeğin çenesinden aşağı sızması, onları çok rahatsız ediyordu. Sonunda ihtiyarın sofrasını ayırdılar. Kendileri masada yerken, ona yer sofrası hazırladılar.

Küçük torunu Hasan, dedesinin durumuna çok üzülüyor; yemek yerken onun kolundan tutarak, dökmeden yemesine yardım ediyordu. Bir gün yaşlı adam, ıslak gözleriyle masadakileri seyrederken, elindeki yemek tabağını düşürüp kırdı. Buna daha çok öfkelendiler. Kalbini kıracak sözler söylediler. Yemeğini plastik tabakla vermeye başladılar. Bir gün ihtiyar marangozun oğlu, karısına meyvaları plastik tabağa koymamasını söylerken:
- Kaldır at bunları, dedi.

Hasan plastik tabaklardan ikisini ayırarak:
- Bunları atma anne; ileride lazım olacak, dedi.
Babası merakla sordu:
- Ne yapacaksın onları?
Hasan şunları söyledi:
- Yaşlandığınız zaman, size bu kaplarla yemek vereceğim.

"Allah'ın rızâsı, Anne-babayı memnun etmekle kazanılır. Allah'ın gazabı, Anne-babayı öfkelendirmekle çekilir."
Tirmizî, Birr 3.

Hasan'ın babasıyla annesi, ihtiyar adama yaptıklarına çok utandılar. Onu tekrar sofraya aldılar. Marangozun oğlu ile gelini, insanı cennete götürecek en iyi şeyin ana, babaya iyilik etmek olduğunu bilselerdi, her halde böyle davranmazlardı.

Peygamber Efendimiz ne güzel buyurmuş:

Kalem

Celal fakir bir marangozun oğluydu. Dolma kalemini kaybettiği için yolun kenarına oturmuş ağlıyordu. Oradan geçmekte olan iyi giyimli bir adam, Celal'in niçin ağladığını öğrendikten sonra, cebinden bir kalem çıkarıp:

- Kaybettiğin kalem bu muydu? diye sordu.

Celal hıçkırıklarını tumaya çalışırken:

- Hayır, benim kalemim bu kadar güzel değildi, dedi.

Adam Celal'in dürüstlüğünü beğenmişti.

- O hâlde doğru sözlü oldu-ğun için ben de bu kalemi sana hediye ediyorum. Lüt-fen kabul et, diyerek kalemi ona verdi.

Peygamber Efendimiz, doğru sözlü olanlara Allah'ın vereceği karşılığı şöyle bildirmiştir:

"Doğru sözlülük iyiliğe, iyilik de insanı cennete götürür."
Buhârî, Edeb 69 .

Yalancı

O gün mahkemede, bir kadınla bir erkeğin davası vardı. Kadı Efendi yerini alınca, duruşma başladı. İlk söz kadına verildi.

Kadın yanındaki çelimsiz adamı göstererek:

- Bu adam bana saldırdı; namusumu iki paralık etti; davacıyım, diyerek ağlamaya başladı.

Adam kendini savundu:

- Yalan söylüyor, efendim! Ben sattığım koyunların parasını sayarken, bu kadın yanıma geldi ve kendisine para vermemi istedi. Aksi hâlde beni zor durumda bırakacağını söyledi. Teklifini kabul etmediğimi görünce, bağırıp çağırmaya başladı.

Kadı Efendi, onların söz ve tavırlarına bakarak kimin haklı, kimin haksız olduğunu anladı. Fakat bunu belli etmedi. Adama:

- Zavallı kadına hem saldır, hem de saldırmadım diye yalan söylersin ha! Çabuk cebindeki paraları ona ver. Yoksa seni hapse atarım, diye çıkıştı.

Kadı Efendi'nin bu davranışı herkesi şaşırttı.

Paraları sevinçle kavrayan kadın, Kadı'ya dua ederek gitti. O zaman Kadı Efendi adama dönerek, kadının peşinden koşup elindeki paraları almasını söyledi. Neye uğradığını şaşıran adam, paralarına yeniden kavuşma ümidiyle dışarı fırladı. Biraz sonra ikisini tekrar mahkemeye getirdiler. Adam sağını, solunu ovuşturarak sızlanıp duruyordu. Çizilen suratından kan sızıyordu. İlk söz yine kadına verildi. Kadın öfkeliydi:

- Kadı Efendi! Bu zorba adam, bu defa da sizin bana verdiğiniz paraları elimden almaya kalktı, dedi. Kadı Efendi:

- Peki alabildi mi? diye sordu. Kadın sırıtarak:

- Bende şu sıskaya para kaptıracak göz var mı? deyince, Kadı Efendi gürledi:

- Bre utanmaz kadın! Namuslu biri gibi davranarak, bu adamın sana saldırdığını iddia ettin. Madem öyle idi, haksız yere aldığın paraları geri vermemek için çırpındığından daha çok namusunu korumak için çırpınman gerekmez miydi? Çabuk ver adamın paralarını!

Kadı Efendi, yalancı kadını cezalandırmadan önce ona, Peygamberimizin şu hadisi-i şerifini hatırlattı:

"Yalancılık ahlaksızlıktır. Ahlaksızlık adamı cehenneme götürür."
Müslim, Birr 103.

Kestane Ağacı

Hüsnü emmi parmağıyla sanığı gösterdi:
- Hâkim Bey! Ben geçen yıl gurbete giderken, bu adama elmas taşlı bir yüzük emanet etmiştim. Şimdi yüzüğümü geri istiyorum, vermiyor, dedi.

Hâkim, sanık yerinde oturan Mıstık Kâhya'ya sordu:
- Bu adamın yüzüğünü neden vermiyorsun?

Mıstık Kâhya:
- Yalan söylüyor bu adam. Bana yüzük falan vermedi, dedi.

Hâkim Hüsnü emmiye sordu:
- Yüzüğü bu adama verdiğini gören bir şahidin var mı?
- Yok, dedi Hüsnü emmi. Bir kestane ağacının altında yüzüğü ona verirken, yanımızda kimse yoktu.

O zaman Hâkim, Hüsnü emmiye:
- Çabuk oraya git ve bana kestane ağacından bir dal getir, dedi. Mıstık Kâhya'ya da orada beklemesini söyledi.

Çok geçmeden Hâkim, Mıstık'a:
- Nerede kaldı bu Hüsnü emmi? Bak bakalım şu pencereden geliyor mu, dedi. Mıstık Kâhya yerinden kımıldamadan konuştu:
- Üç saatten önce gelemez, Hâkim Bey. Orası uzak bir yer.

"Ey insanlar kesinlikle yalan söylemeyiniz çünkü; yalan ile iman bir arada olmaz."
Tirmizî, Zühd 27.

O zaman Hâkim, Mıstık Kâhya'ya:
- Seni yalancı budala. Yüzüğü almadınsa, kestane ağacının uzakta olduğunu nereden biliyorsun? Sen, Peygamber Efendimizin:
-"Ey insanlar kesinlikle yalan söylemeyiniz, çünkü; yalan ile iman bir arada olmaz," buyurduğunu duymadın mı? diye bağırdı. Sonra da ona ağır bir ceza verdi.

Yankı

Küçük Remzi, tarlada çalışan babasına yemek götürüyordu. Çok uzakta, tepedeki kayalıkların dibinde bir karaltı gördü. Bir çocuk sandığı dikili taşa doğru, "Heey!" diye bağırdı. Tepedeki kayalıklardan "Heey!" diye, bir ses geldi.

Remzi, bunun bir yankı olduğunu bilemediği için kayalıkların arkasına saklanmış bir çocuğun, kendisiyle alay ettiğini düşündü ve:
- Gelirsem fena yaparım, diye bağırdı.

Aynı ses cevap verdi:
- Gelirsem fena yaparım!

İyice öfkelenen Remzi, var gücüyle bağırdı:
- Çık meydana, korkak!

Yine aynı karşılığı alınca, tepeye doğru koşmaya başladı. Yorulmuştu. Tepenin eteğinde kimseyi göremeyince, kendini beğenmiş çocuğun, bir yerlere saklandığını zannetti. Kayalara tırmandı. Bu arada, ağzına geleni söylüyordu. Onu bir eline geçirirse, neler yapacağını biliyordu. Ama tabansız oğlan, karşısına çıkmaya cesaret edemiyordu.

Hayli oyalandığı için babasının çok acıkmış olacağını düşünerek, çocuğu aramaktan vazgeçti. Tarlaya varınca babasına anlattı. Babası ona, bir atasözünü hatırlattı: "Her istediğini söyleyen, istemediğini işitir" dedi.

Eğer Remzi, Peygamber Efendimizin şu hâdis-i şerifini bilseydi, böyle davranmazdı:

"Allah'a ve âhiret gününe inanan kimse, ya iyi söz söylesin, ya sussun!.."
Buhârî, Edeb 31.

Ekmek

Soğuk bir kış günüydü. Hasan fırından ekmek almış, eve dönüyordu. Kemikleri dışarı fırlamış bakımsız bir köpeğin, yalvarır gibi sesler çıkararak, sepetindeki ekmeklere baktığını gördü.

Zavallı hayvanın hâli, Hasan'ın yüreğine dokundu. "Ekmeğin birini köpeğe versem, annem kızar" diye, söylendi. Sonra da her şeyi göze alarak, sepeti karların üzerine bıraktı. Ekmeklerden birini, köpeğin önüne doğramaya başladı.

Fırından gelmekte olan bir adam, Hasan'ın konuşmasını duymuştu. Kendi filesindeki ekmeklerden birini, Hasan'ın sepetine koydu. Hasan eve vardığında, sepetindeki ekmeklerin eksilmediğini hayretle gördü.

Eğer Hasan, Peygamber Efendimizin şu hadisini bilseydi, olayı kendi kendine açıklayabilirdi:

"Sadaka, malı eksiltmez."
Müslim, Birr 69 .

Cimri

İhsan'ın cimri bir dayısı vardı. Malını ne yer, ne de yedirirdi. Bu yüzden onu, hiç kimse sevmezdi. Bu cimri adam: "İnsanın serveti elinin altında olmalı" diyerek, bütün mal varlığını altına çevirdi. Onu da götürüp, bahçenin bir köşesine gömdü.

Hemen her gün altınlarını çıkarır, sayar, yine toprağa gömerdi. Bir gün altınları gömdüğü yerde bulamadı. Belli ki çaldırmıştı. Deli divâneye döndü. Saçını başını yoldu.

Durumu öğrenen İhsan, dayısına şunları söyledi:
- Boşuna ağlama, dayıcığım. O altınlar zaten senin değildi ki! Eğer senin olsaydı toprağa gömmez, ondan faydalanmaya bakardın...

Cimrilikten Allah'a sığınan
Peygamber Efendimiz,
böylesi adamlar hakkında
şöyle buyurmuştur:

"Cimri, Allah'tan uzak,
Cennetten uzak,
insanlardan uzaktır..."
Tirmizî, Birr 40.

Ayakkabı

Kış fena bastırmıştı. Sadi çok üşüyordu. Çünkü yırtık ayakkabısı su alıyordu. Ailesinin yoksul olmasına ilk defa, o yıl üzüldü. "İyi bir elbise, kalın bir palto ve sağlam bir ayakkabı alacak kadar paramız olsa ne olurdu!" diye, söylendi.

Bir gün, elindeki çantasıyla okuldan eve dönüyordu. Büyük Cami'nin yanına gelince, ikindi ezanı okunmaya başladı. Sadi, camide cemaatla namaz kılmayı çok severdi. Hemen cami avlusuna girdi. Abdest almak için şadırvana gitti. Çantasını kanapenin üzerine koydu. Kollarını sıvamaya başladı.

Bir çoğunu tanıdığı Müslümanlar, şadırvanın etrafında abdest alıyorlardı. Bir musluğun önüne oturdu. Ayakkabısını çıkarmaya başladı. Çorabı yine kirlenmişti. Yırtık ayakkabısını öfkeyle yere attı. İşte bu sırada, yanında abdest alan adamın, bir ayağını yıkayıp kalktığını gördü. Zavallının öteki ayağı yoktu. Sadi, iyi bir ayakkabım yok diye üzüldüğü için utandı. Ayağı olmayan bu adamın, belki de birçok ayakkabı alacak parası vardı. Ama para, her şeyi satın alamıyordu.

> "Kanaatkâr ol! İşte o zaman en iyi şükreden sen olursun."
> İbn Mâce, Zühd 24.

Namazdan sonra, ellerini daha yükseğe kaldırarak dua etmeye başladı. O gün Allah Teâlâ'ya, kendisine sağlam bir ayak verdiği için şükretti. Peygamber Efendimiz ne güzel buyurmuş:

Otomobil

Hikmet, başarılı bir öğrenciydi. Evlerinden hayli uzakta bulunan bir ortaokulda okuyordu. Her gün okula, otobüsle gidip geliyordu. Çeşitli merakları vardı Hikmet'in. Bunlardan biri de otomobil merakıydı. Okula gidip gelirken, gördükleri bütün vasıtaların marka ve modellerini arkadaşlarına bir çırpıda söylerdi. Fakat, kendilerinin bir otomobilleri olmamasına çok üzülürdü. Anlayışlı bir çocuk olduğu için de üzüntüsünü, babasına ve annesine söylemezdi. Çünkü babası, küçük bir memurdu. Dört kişilik ailesinin geçimini zor sağlıyordu. Ondan otomobil istemenin, elbette hiçbir anlamı yoktu. Geçimlerini sağlamak için didinip duran bir insanı, olmayacak bir istekle üzmek, büyük haksızlık olurdu.

Kendileriyle aynı mahallede oturan ve aynı okulda okuyan Ahmet adlı bir arkadaşının, okula yaya gidip geldiğini görür ve buna bir anlam veremezdi. Yağmurlu bir gündü. Hikmet bazı arkadaşlarıyla otobüs bekliyordu. Ahmet'in yağmura aldırmadan, yanlarından hızlı hızlı geçip gittiğini gördü. Ona:
- Otobüs gelmek üzere. Boşuna ıslanma, diye seslendi.

Ahmet:
- Bir yere uğrayacağım, sağol, diyerek yoluna devam etti.
Aynı olay birkaç defa geçince, Hikmet arkadaşının, niçin otobüse binmediğini iyice merak etmeye başladı. Bir gün bu konuyu annesine açtı. Annesi, Ahmet'in ailesini iyi tanıyordu. Babası birkaç yıl önce, geride altı çocuk bırakarak ölmüştü. Zavallı annesi, evlerde temizlik yaparak onları kıt kanaat geçindiriyordu. Ahmet'in otobüse binmemesi, parasızlık yüzündendi. Hikmet buna çok üzüldü. Otomobilimiz yok diye yakındığını düşünerek utandı. Kendi seviyelerinde olmayan, başlarını sokacak yuvaları bulunmayan, karınlarını doyurabilmek için didinip duran binlerce insanla, aynı şehirde yaşadıklarını düşündü. Verdiği nimetler için Allah'a şükretti.

Otomobilimiz yok diye üzülen Hikmet, Peygamber Efendimizin şu hadis-i şerifini duysaydı, herhâlde üzülmezdi:

"Kendinizden aşağıdakilere bakın, daha yukarıdakilere değil."
Müslim, Zühd 8.

Duman

Bir zamanlar Hâtem adında çok zengin, zengin olduğu kadar da cömert bir adam varmış. Otlaklarda sürü sürü hayvanları yayılırmış. Malını başkalarıyla paylaşmaktan büyük zevk alan Hâtem'in Duman adında görenleri hayran bırakan kara gözlü, ipek tüylü, namı diyar diyar dolaşan bir koçu varmış. Duman o kadar eşsiz bir koçmuş ki, her yerde onun güzelliği, gücü kuvveti, rüzgârda dalgalanan kıvır kıvır tüyleri, zeytin karası gözleri anlatılırmış. Hâtem, bu koçu gözü gibi sever, onu hiçbir şeye değişmezmiş.

Hem Hâtem'in cömertliği, hem de koçun güzelliği padişahın kulağına kadar gitmiş. Padişah baş vezirini yanına çağırarak:

- Hâtem'in cömertliğini denemek istiyorum. Duman'ı benim için iste, bakalım verecek mi, demiş.

Padişah'ın adamları ertesi gün yola düşmüş. Bardaktan boşanırcasına yağmurların yağdığı bir gece Hâtem'in köyüne varıp evine misafir olmuşlar.

Hâtem, onları coşkuyla karşılamış. Adamlarına yemek hazırlamalarını emretmiş. Çok geçmeden sofra kurulmuş, kebaplar yenmiş, sonra da misafirler en güzel yataklarda derin uykulara dalmışlar.

Ertesi sabah Padişah'ın adamları niçin geldiklerini söyleyince, Hâtem derin bir üzüntüyle dövünmeye başlamış:

- Ah! Padişahımın buyruğunu keşke gelir gelmez söyleseydiniz. Dün hava bozuk olduğu için adamlarım sürülerin yayıldığı otlağa gidemediler. Ben de size ikrâm etmek için Duman'ı kesmek zorunda kaldım, demiş.

Hâtem'in cömertliği, iki keçi isteyene bir sürü bağışlayan Peygamber Efendimizin cömertliğine ne kadar da benziyor.

"Cömert, Allah'a yakın, insanlara yakın, cennete yakın, cehennemden uzaktır."
Tirmizî, Birr 40.

Kerpiç

Vaktiyle, Has Murat adında fakir bir adam vardı. Namazında niyazında iyi huylu biriydi. Bir gün evinin duvarını tamir ederken, kerpiç şeklinde dökülmüş bir külçe altın buldu. Sevincinden ne yapacağını bilemedi.

"Artık fakirlikten kurtuldum. Kendime güzel bir köşk yaptırayım. Yerleri beyaz mermerle, odaları en âlâ mobilyalarla döşeteyim. Bahçesinde rengârenk çiçekler, çeşit çeşit meyve ağaçları bulunsun. Bu ağaçlarda, dünyanın en güzel kuşları şakısın" diye düşündü. O gece bu hayâllerle uyudu. Ertesi gün evine alacağı hizmetkârları, ahçıları, uşakları düşledi. Daha sonraki gün başka hayâller kurdu. Hayal kurmaktan yemeye, içmeye, namaz kılmaya, hatta verdiği bu nimet için Allah'a şükretmeye vakit kalmıyordu.

Yine bir gün Has Murat, zihninde binbir hayalle şehrin dışında dolaşırken, mezarlığın kenarında kerpiç kesen bir adam gördü. Adam, kazma kürekle toprağı kazıyor; çıkardığı toprağı su ve samanla karıştırıp, kerpiç kalıbına döküyordu. Kerpiç kesen adam, mezar toprağından yapılan kerpiçin daha sağlam olduğunu söyleyince, Has Murat suratına bir şamar yemiş gibi sarsıldı. Kendisini kınayarak yürüyeme başladı.

"Hey akılsız adam!" dedi kendisine. Bir gün senin toprağından da kerpiç kesecekler. Eline bir külçe altın geçince, şaşkına döndün. Namazı, niyazı unuttun. Hâlbuki hayat, senden her gün bir şeyler götürüyor. Ölüme adım adım yaklaşıyorsun. Bırak şu hayalciliği! Allah'ın sana verdiği bu fırsatı iyi değerlendir!

Paranı yerli yerince harca! Har vurup harman savurma!" O sırada öğle ezanı okunmaya başladı.

Has Murat, iyi şeyler yapmaya karar veren kimselerin gönül huzuruyla camiye doğru yürüdü.

Keşke Has Murat daha önce, Peygamber Efendimizin şu hadisini bilseydi o kadar bocalamazdı:

"Uhud dağı kadar altınım olsa, borcumdan fazlasının, yanımda üç günden çok durmasını istemem."
Buhârî, İstikrâz 3.

Misafir

Hamdi bahçede oynarken, ak sakallı bir ihtiyar gördü. Küçük adımlarla yürüyordu. Şirin konağın bahçe kapısında biraz dinlenmek için durdu.

Hamdi'ye:

- Evlat! diye, seslendi. Bu misafirhânede bir gece kalabilir miyim?

Hamdi güldü:

- Burası misafirhâne değil amca, dedi.
- Misafirhâne değil de ne?
- Bizim evimiz.
- Yaa! Peki, bu konağı kim yaptırmış?
- Dedem.
- Dedenden sonra kime kalmış?
- Babama.
- Ondan sonra kime kalacak?
- Herhâlde bana.

İhtiyar, Hamdi'nin yüzüne gülümseyerek baktıktan sonra:

- Bu konağın sahipleri onu, hep bir başkasına bıraktığına göre, hepiniz misafir sayılırsınız oğul, dedi.
Sonra da titrek adımlarla yürüyüp gitti.

Okullar açıldığında, Din Kültürü dersinde, en çarpıcı tatil hâtıraları konuşulurken, Hamdi bu olayı anlattı. Bazı çocuklar, ihtiyarın sözlerini anlamsız bulunca, öğretmen Peygamber Efendimizin şu hadisini hatırlattı:

"Benim dünya ile ilgim, bir ağaç altında dinlendikten sonra, yoluna devam eden yolcu gibidir."
Tirmizî, Zühd 44.

Oduncu

Hz. Musa zamanında, fakir bir oduncu varmış. Dağdan topladığı odunları sırtına yükler, şehire getirip satar, kazandığı birkaç kuruşla geçinip gidermiş. Oduncu bu ağır işi yapmaktan yorulmazmış; fakat kendisi gibi odunculuk yapan komşusunun, odunları eşeğine yükleyip getirmesini bir türlü çekemezmiş.

Yoksul oduncu bir gün Hz. Musa'ya gelmiş, hâlini antalarak:
- Sırtımda odun taşımaktan arkam yara oldu. Rahat, huzur denen şeyi hayatımda tatmadım. Ne olur, Rabbinin huzuruna vardığında benim hâlimi anlat. Odun taşıyabilmek için bana bir eşek versin, demiş. Hz. Musa Allah Teâlâ'nın huzuruna varınca, oduncunun dileğini arzetmiş. Allah Teâlâ:
- O kulumda kıskançlık hastalığı var. Bu hastalıktan kurtulmadığı sürece rahat edemez. Onun her şeyden önce, başkalarına haset etmekten vazgeçmesi gerekir.

Bu kıskanç kulumun, oduncu komşusunun eşeği hastalandı. Ona söyle, dua etsin de komşusunun eşeği iyileşsin; o zaman kendisine de bir eşek vereyim, demiş.

Hz. Musa, fakir oduncuya Allah Teâlâ'nın bu teklifini götürünce, adamın kıskançlık damarları kabarmış:
- Komşumun eşeğinin iyileşmesi için dua edemem. Ben hâlimden memnunum. Allah'dan eşek de istemiyorum. Yeter ki komşumun eşeğini iyileştirmesin, demiş.

Kıskançlık, gerçekten bir hastalıktır. Ona yakalanan kimsenin mutlu olmasına imkân yoktur. Fakir oduncuyu sırtında odun taşımaktan çok, kıskançlığın yorup yıprattığı, rahat yüzü göstermediği bir gerçektir. Peygamber Efendimiz bu gerçeği ne güzel anlatmıştır:

"Kıskançlık yapmayınız. Ateşin odunları yediği gibi, kıskançlık da iyilikleri tüketir."
Ebû Dâvûd, Edeb 44.

Kanlı Eğe

O gün alışverişi Âdem yapacaktı. Erkenden kalkıp, çarşıya gitti. Aldığı her şeyi, küçük pazar çantasına doldurmaya başladı. Nalburdan satın aldığı eğenin, ciğer paketini deleceği hiç aklına gelmemişti.

Eve gelince, sivri uçlu eğeyi çantadan çıkardı. Üzerindeki kanları yıkamak için dış kapının önüne bıraktı. Geri döndüğünde, ciğer kokusuna gelen bir kedinin, eğeyi yalayıp durduğunu gördü. Eğeye bulaşan kan azalacağı yerde, işin garibi durmadan çoğalıyordu. Kedi de taze kanı artan bir iştahla yalıyordu. Olanları çok sonra fark eden Âdem, zavallı kediye acıdı. Onu "pist!, pist!" diye kovaladı. Kedi ise rızkına engel oldu diye, Âdem'e kızgın kızgın bakıyordu. Kanlı eğenin dilini kestiğini, büyük bir iştahla yaladığı kanın, kendi kanı olduğunu zavallıcık bilmiyordu.

Âdem, olup bitenleri babasına anlatınca babası güldü:
- Bazı insanlar senin kedicik gibidir, oğlum. Yaptıkları kötülüğün, kendilerine zarar vereceğini düşünemezler. Kötülüklerine engel olmaya çalışanlara da tıpkı kedicik gibi kızarlar, dedi.

Âdem:
- Onların kötülüğüne engel olmamalı. Yaptıkları işin kötü olduğunu kendileri anlamalı, diye söylenince babası:
- Onları, yaptıkları kötülükle başbaşa bırakmak bize yakışmaz, evlâdım. Bizim görevimiz, insanları kötülükten vazgeçirmeye çalışmaktır.

Böylece hem onlara, hem de topluma iyilik etmiş oluruz, dedi. Sonra da Peygamber Efendimizin şu hadisini okudu:

"Kötülük yapıldığını gören, ona eliyle engel olsun. Eliyle engel olamazsa, diliyle engel olsun. Bunu da yapamazsa, kötülükten nefret etsin."
Müslim, Îmân 49.

Köpek

Memiş dayı, karısıyla tarlada ekin biçiyordu. Küçük yavruları, Karabaş'la birlikte tarlanın kıyısındaki ağacın altında uyuyordu.

Dinlenmek için ağacın yanına vardıklarında, korkunç bir manzara ile karşılaştılar. Yavruları ters dönmüş kundağında hareketsiz yatıyor, Karabaş ise kanlar içinde sızlanıp duruyordu.

Memiş dayı çılgına döndü. Karabaş'ın bebeği parçaladığını sanarak, elindeki tırpanı onun başına indirdi. Zavallı Karabaş yere cansız serildi.

Karısı, bebeğin sapasağlam olduğunu, mışıl mışıl uyuduğunu söyleyince şaşırıp kaldılar. Biraz ileride, kocaman bir yılanın cansız yattığını görünce, Karabaş'ın onunla boğuşurken yaralandığını, yavrularını hayatı pahasına ölümden kurtardığını anladılar ve derin bir üzüntüye kapıldılar.

Memiş dayı, Peygamber Efendimizin şu buyruğuna göre davransaydı, ne kadar mutlu olurlardı:

"İhtiyatlı davranmak Allah'tan, acele etmek şeytandandır."
Tirmizî, Birr, 66

Sarı İnek

Ayşe Kadın bahçesine fasulye ekmişti. Havalar iyi gittiği için fasulyeler kısa sürede filizlendi. Bir gün, acı acı böğüren bir inek sesiyle evden dışarı fırladı. Komşunun sarı ineği bahçeye girmiş, boy atmaya başlayan fasulyeleri çiğncyip, yerle bir etmişti.

Ayşe Kadın, emeklerinin boşa gittiğini görünce, donup kaldı. Sarı İnek, boynunda sallanan iple, ahırın önünde böğürüp duruyordu. Öfkesi kabarmaya başlayan Ayşe Kadın, eline geçirdiği iri bir sopayla, ineğin üzerine yürüdü. Bu sırada komşunun karısı koşarak geldi. Üzgün bir sesle konuşmaya başladı:
- Zavallının buzağısı dün öldü. Sabahtan beri üç defadır ipini koparıp buzağısını arıyor, dedi.

Bu sözleri duyan Ayşe Kadın'ın elindeki sopa yere düşüverdi. Yanlarına sokulan Sarı İnek'in hüzünlü gözlerine bakarak, başını okşamaya başladı:

- Demek ki o da yavrusunu düşünüyor, dedi. Fasulyeleri büsbütün unutmuştu.

Ayşe Kadın'ın bu güzel davranışı, Peygamber Efendimizin şu hadisine ne kadar uygun değil mi?

"Allah'dan korkun da bu dilsiz hayvanlara eziyet etmeyin."
Ebû Dâvûd, Cihâd 44.